인물로 시작하는 한국사 첫걸음

맨 처음 새 나라의 시작

윤자명 글 김숙경 그림

스푼북

옛이야기를 들려주는 마음으로

    저는 유치원을 다니지 않고 바로 초등학교에 입학했어요. 그때는 유치원이 많지 않아서 유치원을 안 다닌 아이들이 많았지요.
    당연히 한글도 익히지 못한 채 학생이 되었어요. 그렇지만 1학년 때 담임 선생님께서는 수업 시간이면 이야기를 아주 재미있게 해 주셨어요. 단군 신화부터 역대 왕들의 이야기, 일제 강점기, 6·25 전쟁 이야기까지 저는 모두 처음 듣는 역사 이야기였답니다. 글은 몰랐지만 역사 속의 사람들 이야기는 얼마나 흥미진진하던지, 이야기를 들을 때면 입을 헤벌린 줄도 몰랐다니까요.

    신기하게도 어릴 적에 들었던 이야기들은 시간이 흘러도 잊히지 않고 기억에 쏙쏙 박혀 있었어요. 시간이 지나서 학년이 높아지고 본격적인 역사 공부를 할 때에도 그때 그 이야기 속 인물들이 생생하게 살아났어요. 그 덕분에 역사 수업이 아주 재미있었지요.

    지금도 그때 이야기를 해 주시던 선생님의 표정이며 손짓까지 생생하게 떠오른답니다.

부모님이나 할머니께서 들려주시던 옛이야기도 마찬가지예요. 잠결에 들었어도, 애써 외우지 않아도 오랫동안 기억되지요.

저도 옛이야기를 들려주듯이 고조선, 고구려, 백제, 신라, 가야의 건국 시조 다섯 명의 이야기를 한 권에 모았어요. 처음 나라를 세운 신화 속 인물들의 흥미진진한 모험 속에서 자연스럽게 그 시대 사람들의 생활 모습과 생각들을 만나 보세요.

여러분들의 역사 첫걸음이 신나고 재미있길 바라요. 저처럼요!

동화 작가 윤자명

차례

1. 한민족 최초의 나라 고조선을 세운
단군왕검 … 6

새날이 열리다
호랑이와 곰
단군왕검

2. 하늘의 후손, 고구려를 세우다
주몽 … 24

하늘과 땅의 만남
이상한 알
귀신도 탄복할 만큼 활 잘 쏘는 아이
용맹한 기상의 고구려

3. 한강에 백제를 세운
온조 … 46

유리 왕자가 나타나다
아늑하고 따뜻한 땅
십제에서 백제로

4. 신라의 시작
박혁거세 ··· 64

우물가에 내려온 흰말
박혁거세와 알영

5. 철의 나라 가야의 시조
김수로 ··· 78

거북아 거북아 머리를 내어놓아라
알에서 나온 여섯 아이들
머나먼 아유타국에서 온 신붓감

인물의 발자취를 찾아 떠나는 여행 ··· 94

찾아보기 ··· 106

한민족 최초의 나라 고조선을 세운

단군왕검

새날이 열리다

　아득히 먼 옛날이었지. 땅 위의 자연과 사람들의 모습을 하늘에서 누군가 유심히 내려다보고 있었어. 바로 하늘을 다스리는 환인의 아들, 환웅이었지.

　"계절마다 비단에 색색의 수를 놓은 듯 아름다운 강산이구나."

　환웅은 땅에서 살아가는 사람과 동식물 모두를 이롭게 하고 싶은 마음이 가득 차올랐어. 그런 마음을 주체할 수 없게 되자 환웅은 아버지 환인께 나아가 이야기했어.

　"아버지, 저는 저 땅으로 내려가 만물을 더불어 이롭게 하고 모두가 행복할 수 있게 이끌고 싶습니다. 부디 허락해 주시옵소서."

　"너의 생각은 장하지만 하늘의 자손인 네가 어찌 땅에서 살 수 있겠느냐?"

　"땅의 사람들과 제 모습이 다르지 않으니 함께 살지 못할 까닭이 없사옵니다."

　"마침 지상에 임금이 없어 염려하던 참이었다만……."

　"그러니 제가 내려가 다스리도록 허락해 주시옵소서."

　　환인은 환웅의 마음이 이미 땅에 내려가 있다는 걸 알았어.

　"너의 뜻대로 땅을 널리 이롭게 다스리도록 해라. 그런 뒤에 다시 하늘로 돌아오너라."

　　환인은 아들 환웅에게 다스리는 자의 위엄*을 나타내는 신성한 물건들인 천부인**을 주었어.

　"아버지 말씀 명심하겠습니다."

　　환웅은 설레는 마음으로 하늘이 열리길 기다렸지.

* 위엄: 존경받을 만한 점잖고 엄숙한 태도나 기세.

** 천부인: 고려 때 쓰여진 역사책 《삼국유사》에 따르면 천부인은 청동 검, 청동 거울, 청동 방울 세 가지로 추측된다.

　청명하고 더할 나위 없이 좋은 어느 가을날, 드디어 하늘이 열렸어.

　아름다운 풍악이 울리고, 환웅은 오색구름 마차에 올랐지. 새하얀 천마가 날개를 펼치고 마차를 끌었어.

　환웅의 뒤로 많은 신하들이 뒤따랐어. 그중 풍백, 우사, 운사 세 명도 함께였지. 풍백은 바람을 다스리는 신이고, 우사는 비를 다스리는 신이야. 운사는 구름을 다스리는 신이지. 땅에서는 날씨가 매우 중요해서 바람과 비, 구름이 조화로워야 농사를 잘 지을 수 있기 때문에 이들이 환웅과 함께 온 거야.

　환웅 일행은 태백산* 꼭대기 신단수** 아래로 내려왔어. 늘 하늘에서 내려다보던 땅에 도착한 환웅은 아주 흡족했어. 모두가 다스릴 자를 기다린 듯 환웅을 높이 받들어 환영했지.

　환웅은 하늘에서부터 품었던 큰 뜻을 하나둘 펼치기 시작했어.

---

* 태백산: 지금의 백두산으로 추정된다.
** 신단수: 환웅이 처음 하늘에서 그 밑으로 내려왔다는 신성한 나무.

호랑이와 곰

깊은 산속에 사는 호랑이와 곰에게도 환웅이 땅에 내려와 세상을 다스리기 시작했고, 그 덕분에 사람들이 더 즐겁게 살고 있다는 소문이 들려왔어.

"정말인지 확인해 볼까?"

"그래, 내 눈으로 직접 봐야지."

모처럼 호랑이와 곰의 뜻이 맞았어. 둘은 산에서 내려와 사람들이 모여 사는 곳으로 갔지. 집집마다 웃음소리가 흘러나왔는데, 전에는 잘 들을 수 없던 소리였어. 그사이 아기들도 많이 태어나서 마을마다 시끌벅적했지.

호랑이와 곰은 다복스럽게* 살아가는 사람들의 모습이 부러웠어. 불쑥 사람이 되고 싶은 마음이 생겼지.

"어떻게 하면 사람이 될 수 있을까?"

성질 급한 호랑이가 물었어.

"무슨 방법이 있을 거야. 함께 찾아보자."

* 다복스럽다: 복이 많아 보인다.

곰은 눈을 반쯤 감고 깊은 생각에 빠졌어.

"아휴, 굼뜨긴*! 그럴 시간에 환웅님을 찾아가 보자."

말을 마치기 바쁘게 호랑이가 성큼 앞장섰어.

"환웅님이 어디에 있는지 알아?"

"내가 누구야? 알고말고. 환웅님은 저기 태백산에 있어."

호랑이와 곰은 한달음에 태백산 봉우리까지 올라갔어. 오색구름이 감싼 신단수 아래에서 환웅을 만나자 두 짐승은 그 앞에 넙죽 엎드렸지.

"환웅님, 저희는 사람이 되고 싶습니다!"

호랑이와 곰은 한목소리로 간곡하게 말했어.

환웅은 이들의 소원이 뜻밖이라 놀랐어. 호랑이나 곰이 사람이 되고 싶다고 할 줄은 생각도 못 했거든.

"짐승이 사람으로 바뀌기란 어려운 일이다. 그래도 정녕 사람이 되고 싶으냐?"

환웅이 엄하고 진지하게 물었지.

"사람이 될 수만 있다면 무엇이든 하겠습니다."

* 굼뜨다: 동작, 진행 과정 등이 답답할 만큼 매우 느리다.

호랑이와 곰은 거듭 간청했어. 그러자 환웅은 신령스러운 쑥 한 다발과 마늘 스무 개를 주면서 말했지.

"이것들만 먹으면서 햇빛을 보지 않는다면 사람이 될 것이다."

호랑이와 곰은 귀를 바짝 세워 환웅이 가르쳐 주는 방법을 새겨 들었지.

"그렇게만 하면 정말 사람이 된다고요?"

"사람이 될 수 있다면 그 정도는 할 수 있지요!"

호랑이와 곰은 기대에 가득 차서 쑥과 마늘을 안고 동굴로 들어갔어. 햇빛을 안 보고 지내기엔 동굴 안이 최고니까.

동굴에서 지낸 지 열흘쯤 지났을 때였어. 호랑이는 갑갑해서 못 살겠다, 사냥한 고기가 먹고 싶다 하면서 난리를 피웠어.

"넌 미련한 곰이라 잘도 견디는구나."

호랑이는 온몸을 들썩이며 불평을 늘어놓았어.

"사람 되기가 그리 쉽겠어? 함께 참고 견뎌 보자."

곰도 쑥과 마늘만 먹으며 동굴에서 지내는 것이 힘들었지만, 사람이 되고 싶은 마음에 꾹 참고 있었어.

"넌 곰이니까 쑥과 마늘도 먹지만 난 체질에 안 맞아서 도저히 더는 못 견디겠다고! 어흥!"

결국 호랑이는 냅다 동굴을 뛰쳐나가고 말았어.

'난 아무리 힘들어도 사람이 되고 말 거야!'

동굴에 혼자 남은 곰은 입술을 꽉 깨물며 다짐했지. 호랑이가 없으니 쓸쓸하고, 쑥과 마늘만 조금씩 먹자니 배도 너무 고팠어. 몇 번이나 동굴 밖에 나가 맛난 걸 실컷 먹고 싶었지만 꾹꾹 참고 견뎠지.

그렇게 21일째 되던 날, 아침에 잠이 깬 곰은 자신의 몸이 달라졌다는 걸 알아챘어. 털로 덮였던 피부는 희고 매끄러워졌고, 얼굴 가운데는 오똑한 콧날이 생겼고, 윤기 흐르는 머리카락도 만져졌지.

"아! 내가 드디어 사람이 되었어!"

곰은 감격에 겨워 소리쳤어.

동굴 밖으로 뛰어나온 곰은 물웅덩이에 비친 자신의 모습을 보고 깜짝 놀랐어. 여태껏 본 적이 없는 아름다운 자태의 여인이 서 있었던 거야.

여인이 된 곰은 곧장 환웅을 찾아가 감사 인사를 했어.

"사람이 된 것을 축하한다. 곰이 여인으로 변했으니, 이름을 웅녀로 짓자꾸나."

"예. 환웅님의 은혜를 잊지 않겠습니다."

이름까지 얻은 웅녀는 즐겁게 살았어. 그런데 시간이 지날수록 웅녀는 외로움을 느꼈어. 다른 여인들처럼 혼인을 하고 아기를 낳고 싶다는 생각이 들었지.

웅녀는 신단수 아래로 가서 아기를 갖게 해 달라고 기도했어.

"저는 꼭 혼인하여 아기를 낳고 싶습니다."

웅녀는 하루도 거르지 않고 소원을 빌었어. 그 모습을 본 환웅이 웅녀의 정성을 갸륵하게 보아 청을 들어주었지.

환웅은 잠시 청년의 모습으로 변해서 웅녀와 혼인을 했어. 그리고 웅녀가 간절히 원하던 아기가 태어나게 되었지.

단군왕검

　환웅과 웅녀의 아들은 무럭무럭 자라 단군왕검이 되었어.

　단군왕검이란 백성을 다스리는 지배자를 부르는 이름이야. '단군'은 하늘에 제사를 지내는 '제사장'을 뜻하고, '왕검'은 백성들을 다스리는 '지배자'를 뜻하지. 단군왕검은 아사달*을 도읍으로 삼아 나라를 세웠어.

　"나라의 이름을 고조선**이라 정한다! 하늘의 뜻을 받들어 백성들을 다스릴 것이다!"

　단군왕검이 다스리는 고조선은 만물이 번성했어. 마을마다 사람들이 늘어나고 농기구는 물론 사냥 도구가 발달해 식량도 풍족해졌지. 그런데 한편에서는 다툼도 일어났어.

　"토기와 거기에 담겨 있는 곡식까지 몽땅 훔쳐 가다니, 잡히면 가만두지 않겠다."

　흰돌마을에 사는 남자가 토기를 잃어버렸어. 토기가 소중한 재산

---

* 아사달: 지금의 평양 부근의 백악산 또는 황해도 구월산이라고 한다.

** 고조선: 원래 이름은 '조선'이지만 후대에 이성계가 세운 '조선'과 구분하기 위해 고조선으로 부른다.

인 남자는 화가 머리끝까지 뻗쳤어. 결국 도둑을 잡은 남자는 다짜고짜 주먹이 먼저 나가고 말았지.

"도둑놈은 혼이 나야 해!"

"아이고, 사람 죽네!"

서로 엉겨 붙어 싸우는 통에 토기가 바닥에 떨어져 박살이 나고 말았어. 문제가 되었던 토기는 이미 깨져 버렸는데도 싸움은 더욱 격렬해져서 기어이 한 사람이 죽고서야 멈추었지.

싸움을 말리던 사람들도 잘잘못을 따지며 시비가 붙었어. 그때

누군가 사람들을 말리며 외쳤어.

"그만들 해! 싸움이 더 번지면 산 너머 마을처럼 될 거야."

얼마 전에 작은 싸움이 큰 패싸움으로 번져 마을 두 곳이 몽땅 불타 버린 일이 있었거든. 어느 한 곳의 문제만은 아니었어.

"우리 집에서 실을 뽑을 때 쓰던 가락바퀴가 없어졌어요."

"함께 물고기와 조개를 잡았는데 내 몫을 주지 않았어요!"

곳곳에서 이런저런 시비와 소란이 일어났어.

'법을 정해서 혼란을 막아야겠구나.'

단군왕검은 생각했지. 신하들도 이구동성으로 하루빨리 법과 규칙을 정하자고 의견을 모았어.

단군왕검은 신하들과 여덟 가지 조항의 법을 만들어 발표했어.

"첫째, 사람을 죽인 자는 사형에 처한다. 둘째, 남을 때려 다치게 한 자는 곡식으로 보상한다. 셋째, 남의 물건을 훔친 자는 노비로 삼고, 만약 용서를 받고자 하는 자는 50만 전을 내야 한다."

나머지 조항은 내용이 전해지지 않지만, 아마 모두 사람들이 평화롭고 안전하게 살 수 있도록 한 법이었을 거야.

"백성들에게 잘 알려서 엄격하게 지키도록 하겠습니다."

형벌을 담당하는 신하가 힘차게 아뢰었어.

법이 생기고부터 사람들 사이에 싸움이 줄었어. 사람들은 남의 물건을 훔치거나 죄를 지으면 법에 정해진 대로 벌을 받았지.

모닥불 주위에 둘러앉아 자식들에게 옳고 그른 일을 깨우쳐 주는 부모가 많아졌어. 세상은 차츰 질서가 잡혔어. 사람들은 더불어 살아가는 의미도 알게 되었지.

 단군왕검은 나라 안을 다스리는 일뿐 아니라, 나라 밖의 침입에 대비해 무기도 개발했어. 비파라는 악기를 닮은 청동 검을 만들고, 갈수록 더 뾰족하고 날렵한 검으로 발전시켰어.

 단군왕검은 그렇게 1500여 년 동안 고조선을 다스리다가 산으로 들어가 신선이 되었다고 해.

하늘의 후손, 고구려를 세우다

주몽

하늘과 땅의 만남

　하늘을 다스리던 천제에게는 해모수라는 아들이 있었어. 천제는 여러 아들들 가운데서 해모수를 가장 아꼈단다. 해모수가 유난히 총명하고 굳센 기상을 가지고 있었거든.
　그런데 언젠가부터 해모수가 어떤 생각에 빠져 있는 것 같았어. 천제는 걱정스레 물었어.
　"요즘 너의 얼굴 표정이 달라 보이는구나. 무슨 일 때문이냐?"
　"아버지, 저는 하늘의 일보다 땅의 일이 더 궁금합니다. 동방의 땅으로 가 보고 싶습니다."
　해모수의 말에 천제가 깊은 고민에 빠졌어.
　"이곳 하늘에서 익히고 배운 것을 동방의 땅으로 가서 펼쳐 보고 싶습니다."
　"하늘의 자손이 굳이 땅으로 가고 싶어 하다니! 하지만 그 마음을 바꿀 수 없다면 잠시 동안만 머물다 돌아오는 것을 허락하마."
　천제가 말했어.
　"예, 그렇게 하겠습니다."

해모수는 다시 돌아오라는 아버지의 명이 마음에 걸렸지만, 그토록 원하던 땅으로 내려갈 생각에 기뻤어.

해모수가 가려는 북부여 땅에는 해부루라는 왕이 있었어. 한 신하가 꿈속에서 천제의 아들이 내려온다는 계시를 받고는 왕에게 알렸지. 해부루는 그 말을 듣고 해모수가 북부여를 다스릴 수 있도록 동쪽으로 옮겨 가서 동부여라는 나라를 새롭게 세웠어.

드디어 해모수가 고대하던 하늘이 열리는 날이 되었지. 무지개 문 앞에는 다섯 마리의 용이 끄는 수레가 서 있고 해모수는 머리에 까마귀의 깃털로 꾸민 오우관을 썼어. 신하들을 거느린 해모수가 땅으로 내려오는 모습은 위풍당당했어.

북부여 땅, 비어 있는 궁궐로 내려온 해모수는 북부여를 열심히 다스렸어. 시간이 어떻게 가는지조차 모를 정도였지. 하늘로 올라갈 날이 정해져 있었기 때문에 해모수는 더욱 더 열심히 일했어.

"옥체*가 상할까 걱정이옵니다. 오늘은 바람도 쐴 겸 사냥을 나가시는 것이 어떻겠사옵니까?"

* 옥체: 임금의 몸.

해모수의 곁을 지키던 신하가 아뢰었어.

"사냥도 임금이 할 일이니, 좋소이다."

해모수는 말을 타고 탁 트인 들판을 달리며 하늘나라 못지않게 아름다운 풍경을 감상했어. 수려한* 산세**를 끼고 은하수처럼 흐

* 수려하다: 빼어나게 아름답다.
** 산세: 산이 생긴 모양.

르는 강가를 달릴 때였어.

물가 버드나무 근처에 아리따운 세 여인이 눈에 띄었어.

서로를 부르며 노는 모습을 보니 자매들 같았어.

말에서 내린 해모수가 여인들에게 다가갔어. 세 여인은 마치 물 위에 핀 꽃송이처럼 어여뻤지.

"당신들은 어디에 사는 누구요?"

세 여인은 해모수를 발견하고 깜짝 놀랐어.

"저희는 물의 신 하백의 딸입니다."

셋 중 맏이인 유화가 대답하고 황급히 자리를 뜨려는데, 해모수가 불러 세웠어.

"나는 하늘의 자손 해모수요. 겁낼 것 없소."

"물 밖 풍경에 끌려서 노느라 아버님의 당부를 어겼기에 빨리 돌아가야 합니다."

유화는 말도 끝맺지 못하고 자매들과 급히 물속으로 사라져 버렸어.

그런 유화의 모습은 해모수의 가슴에 깊이 새겨졌어. 유화의 마음속에도 해모수가 자리 잡았지. 서로를 향한 강한 이끌림에 다시 만나게 된 두 사람은 하늘과 땅의 이야기를 나누며 사랑을 키워 갔어. 아직 할 말이 태산같이 많은데, 시간은 잠시도 쉬지 않고 흘러갔지.

해모수가 하늘로 돌아가야 한다는 걸 알게 된 유화는 무척 아쉬웠어. 함께 가지 못해서 더욱 슬펐지.

천제와 약속한 날이 되어 해모수가 하늘로 떠나자, 홀로 남은 유화는 날마다 강가에 나와 하늘을 올려다보며 눈물을 흘렸어. 그러다 아버지 하백에게 쫓겨나고 말았지.

이상한 알

한편, 동부여에서는 해부루가 죽고 금와가 왕이 되었어. 금와왕이 신하들과 태백산 남쪽 우발수 샘터로 산책하러 나간 날이었어.

버드나무 아래에서 여인의 울음소리가 들려오는 거야. 이상하게 여긴 금와왕이 신하에게 사정을 알아보라고 명을 내렸어.

"하백의 딸, 유화라는 여인인데, 날마다 해모수를 그리워하다 쫓겨났다 하옵니다."

신하가 금세 달려와 아뢰었어.

"물의 신 하백의 딸이 쫓겨났다니 불쌍하게 되었구나. 궁궐로 데려가도록 하라."

금와왕은 유화를 궁궐의 빈방에 두고 신하들에게 잘 보살피라고 일러두었지.

얼마 뒤, 신하가 왕에게 놀라운 사실을 고했어.

"햇빛이 유화 부인을 계속 따라다니더니 유화 부인의 배가 불러 오고 있답니다."

"허어, 괴이한 일이다. 계속 지켜보아라."

얼마 뒤 신하는 또 금와왕에게 소식을 고했어.

"유화 부인이 출산을 하였는데, 아기를 낳은 게 아니라 알을 낳았습니다."

"뭐라? 알을 낳았다고?"

"예. 달덩이만 합니다요."

금와왕은 얼굴을 찌푸리고 버럭 소리쳤어.

"불길하니 돼지에게나 주어 버려라!"

신하들은 금와왕의 명령대로 유화에게서 알을 빼앗아 돼지우리에다 던졌어. 그런데 뭐든 먹어 치우던 돼지들이 알만은 고이 둔 채 먹지 않는 거야. 다시 알을 수레와 마차가 다니는 길거리에 내다 버렸어.

그런데 지나가는 말이나 소가 모두 알을 피해서 지나갔지.

이번에는 알을 산에다 버렸어. 그랬더니 새와 짐승들이 알을 감싸고 보호하지 뭐야.

이 말을 전해 들은 금와왕은 알을 깨뜨리라고 명했어. 하지만 신하들이 달려들어 돌로 두드리고 도끼로 내리쳐도 알은 꿈쩍도 하지 않았어.

"할 수 없다. 그 알을 유화에게 돌려주어라."

단념한 금와왕이 손을 털고 가 버렸어.

귀신도 탄복할 만큼 활 잘 쏘는 아이

 유화의 품으로 돌아온 알은 어느 날 저절로 금이 가더니 쩍 깨졌어. 그리고 그 속에서 늠름하게 생긴 사내아이가 나오는 거야. 아이는 하루가 다르게 쑥쑥 자랐어. 걷는가 싶더니 어느새 달렸고, 말을 배우고는 글까지 읽었지.

 '역시 하늘의 자손, 해모수님의 아들이라 비범해*.'

 유화는 아이를 훌륭하게 키워야겠다고 다짐했어.

 하루는 금와왕의 아들들이 활쏘기 연습을 하는데, 그 아이가 구경하다가 활을 한번 잡아당겨 보았지. 알 속에서 연습을 마친 것처럼 아이는 능숙하게 화살을 날려 보냈어.

 "와아, 명중이다!"

---

* 비범하다: 보통 수준보다 훨씬 뛰어나다.

"과녁을 뚫을 기세구나."

놀란 사람들이 아이에게 거듭 활쏘기를 시켰지. 연달아 백 발을 쏘아도 전부 명중했어. 그날부터 아이는 '주몽'이라 불렸어. 동부여에서는 활 솜씨가 뛰어난 사람을 주몽이라고 불렀거든.

금와왕에겐 아들이 일곱이나 있었지만, 활 솜씨는 물론 공부와 무예 모두 주몽과 실력을 겨룰 만한 아들이 한 명도 없었어. 갈수록 일곱 아들은 주몽을 시기하고 미워했어. 그중에서 맏아들인 대소가 특히 주몽을 싫어했지.

"아비도 없이 이상한 알에서 나온 놈을 더 이상 두고 볼 수 없어!"

"형님, 주몽을 이대로 놔뒀다간 왕자인 우리들의 자리를 넘볼지 모릅니다."

"하루빨리 없애 버려야 해요."

때마침 동부여의 큰 행사인 사냥 대회가 열렸어. 주몽은 대소 형제들도 못 잡은 사슴을 사냥하며 멋지게 활약했지. 그 모습에 더욱 화가 난 금와왕의 일곱 아들은 주몽을 깊은 산골짜

기 나무에 묶어 두고 가 버렸어. 주몽을 죽일 작정이었지.

주몽이 살려 달라고 발버둥 치는데, 갑자기 하늘에서 빛이 쏟아졌어. 빛이 온몸을 비추자 엄청난 힘이 솟아났지. 그렇게 주몽은 밧줄을 끊고 살아 돌아올 수 있었단다.

더욱 위기감을 느낀 대소가 금와왕에게 달려갔어.

"아버지, 불길하게 태어난 주몽을 없애지 않으면 후환*이 있을 것입니다."

"하지만 주몽이 우리를 해하지 않았는데 어찌 없애겠느냐? 마음

* 후환: 어떤 일로 말미암아 뒷날 생기는 걱정과 근심.

대로 못 다니게 마구간 일을 시키고서 한번 지켜보자."

대소가 주몽을 시기하여 없애려 한다는 걸 눈치챈 유화는 하늘을 바라보며 나직이 읊조렸어.

"주몽에게 모든 사실을 알릴 때가 왔구나."

유화는 주몽에게 그동안 숨겨 왔던 이야기를 들려주었지.

"너는 하늘을 다스리는 천제의 손자이며, 해모수의 아들이란다. 그리고 물의 신 하백의 외손자이기도 하다. 왕자들의 위협은 더욱 커질 것이다. 이곳을 떠나 큰 뜻을 펼치도록 마음의 준비를 하거라."

주몽은 무척 놀랐지만 이내 자신에게 정해진 운명을 받아들였어.

자신의 신분을 알게 된 주몽은 자긍심과 용기가 샘솟았어. 지혜도 깊어졌지. 마구간의 말 중에서 뛰어나고 용맹한 말도 알아보게 되었어.

주몽은 채찍질 한 번에 물러나는 보통 말과 달리 높은 담장을 단숨에 뛰어넘는 새하얀 용마*를 점찍어 두었지.

"나와 동무가 되어 용맹한 기상을 함께 펼치자!"

* 용마: 매우 잘 달리는 출중한 말.

주몽은 백마에게 제 마음을 속삭였어.

마음이 통하게 되자 그다음에는 일부러 말의 혀 밑에 바늘을 찔러 두고 먹이를 잘 먹지 못하게 했어. 백마가 비쩍 마르는 동안 다른 말들에겐 좋은 풀을 듬뿍 먹여서 말갈기에 윤기가 자르르 흐르게 만들었지.

"미안해. 나중을 위해서야."

주몽은 백마의 앙상한 목덜미를 쓸어 주며 진심을 전했어.

"히이힝."

백마도 주몽의 말을 알아듣는 듯했어.

주몽의 계획대로 금와왕은 볼품없이 마른 말은 필요 없다며 백마를 주몽에게 주었어. 마침내 주몽은 가장 용맹한 말을 손에 넣었지.

떠날 준비를 하는 주몽에게 유화는 삼족오 그림과 여러 종류의 곡식 씨앗을 주었어. 삼족오는 세 발을 가지고 있으며 태양 속에서 산다고 전

해지는 전설의 새야. 바로 주몽이 하늘의 자손이라는 의미였지.

주몽은 어머니에게 인사를 올리고 백마에 올라 재빨리 동부여를 빠져나갔어. 친구 오이, 마리, 협보도 주몽과 함께 나섰지.

험한 산을 넘고 달려서 한시름 놓을 무렵, 큰 강이 주몽의 길을 가로막았어. 뒤에서는 주몽을 잡으려고 대소의 군사들이 쫓아오는 소리가 들렸어.

주몽은 강물을 향해 큰 소리로 외쳤어.

"저는 해모수의 아들이며, 또한 하백의 외손자이옵니다. 어려움에 처한 저를 도와주소서."

주몽의 기도가 통했는지 강물 속의 모든 물고기며 자라들이 뭉치더니 다리를 만들어 주지 뭐야. 주몽 일행이 무사히 강을 건너고 나자 물고기와 자라들은 흩어져 물 밑으로 숨어 버렸어. 뒤쫓아 온 대소의 군대는 강을 건너지 못하고

되돌아갔지.

　주몽 일행이 모둔곡이란 지역을 지나갈 때였어. 낯선 사람 셋이 주몽을 만나려고 기다리고 있었어.

　"저희는 주몽님과 함께하기 위해 이곳에서 기다리고 있었습니다."

　세 사람은 각각 자신의 이름을 재사, 무골, 묵거라고 소개했어. 셋 모두 차림새에 개성이 뚜렷하고 위엄이 서려 있었지.

　"주몽님을 도와 뜻을 함께하고 싶습니다."

　"고맙습니다. 함께 갑시다!"

　든든한 우군*이 생긴 주몽 일행은 힘차게 나아갔지.

용맹한 기상의 고구려

　드디어 주몽 일행은 비류수라는 강이 흐르는 넓은 땅 졸본에 다다랐어. 주몽 일행은 비류수 강가에 나라의 터를 잡았지. 그리고 삼족오 깃발을 높이 달아 깃대에 걸었어.

* 우군: 자기와 같은 편, 또는 같은 편인 군대.

"나 주몽이 이곳에 나라를 세운다. 나라의 이름은 높고 위대한 나라라는 뜻으로 고구려라 할 것이다."

"와아, 고구려 만세!"

함께 온 친구들 오이, 마리, 협보는 주몽에게 큰 힘이 되었고, 모둔곡에서 만난 세 사람도 각자 나라의 중요한 역할을 맡았어.

동부여를 떠날 때 유화가 챙겨 준 갖가지 씨앗으로 백성들은 농사에 정성을 쏟았지.

나라가 자리를 잡아 가고 있을 때였어. 비류수 강가를 걷던 주몽은 강물에 채소 잎이 떠내려오는 걸 보게 되었지.

"강의 상류에 사람들이 사는 모양이구나."

주몽은 신하들과 강줄기를 거슬러 올라갔어. 멀지 않은 곳에 비류국이라는 나라가 있었는데, 그곳은 송양왕이 다스리고 있었지.

"나는 하늘의 자손이오. 하늘의 자손이 세운 고구려에 항복하고 함께 평화롭게 살아가는 것이 어떻겠소?"

"비류국은 고구려보다 먼저 터를 잡은 나라요. 고구려가 우리에게 항복하는 것이 어떻소?"

결국 주몽과 송양왕은 활쏘기 시합으로 승부를 정하기로 했어.

"나는 저기 사슴의 배꼽을 맞히겠소."

송양왕이 먼저 활시위를 당겼어. 하지만 아뿔싸, 화살은 사슴의 배꼽이 아닌 배를 겨우 맞혔을 뿐이야.

"나는 나뭇가지에 옥반지를 걸어 두고 그걸 맞히겠소."

주몽의 화살에 맞은 옥반지가 쨍그랑 소리를 내며 산산조각 나서 사방으로 튀었어. 감탄한 송양왕이 무릎을 꿇고 말았지.

주몽은 비류국을 시작으로 주변의 나라를 차례로 정복했어. 점차 영토가 넓어지고 백성들이 많아지니 나라의 위상도 높아졌어.

고구려의 아이들은 어디서든 활쏘기를 하며 놀았어. 걸음마를 할 때부터 활이 장난감 대신이었지.

"와아 명중! 명중이다! 내가 바로 주몽이다."

"나도 주몽이 될 거야."

아이들은 해가 지는 줄도 모르고 활 솜씨를 겨루며 저마다의 꿈과 포부를 키워 갔어. 모두들 주몽왕을 닮고 싶어 했지.

주몽은 나라를 세우고 19년 동안 고구려를 다스리다 하늘로 올라갔어. 이후 고구려의 기상은 더욱 높아져서 넓은 영토를 차지한 막강한 나라가 되었단다.

한강에 백제를 세운
온조

유리 왕자가 나타나다

　주몽은 졸본에 터를 잡고 원래 졸본에 살고 있던 세력들과 연합하여 힘을 키웠어. 그리고 소서노라는 여인과 결혼했어. 남편을 일찍 여읜 소서노는 비류와 온조, 두 아들을 데리고 주몽과 재혼했어. 소서노는 졸본 세력가의 딸로 부자인데다 따르는 사람들도 많았지. 그 덕분에 고구려는 빠르게 안정되고 강한 나라로 커 나갈 수 있었지.

　게다가 소서노는 여러 방면에서 재능이 뛰어나서 직접 많은 사람들을 이끌고 이웃 나라로 교역을 떠나기도 했어.

　하루는 왕자인 비류와 온조가 주몽왕의 심부름을 다녀오는데 궁궐 문 앞이 소란스러웠어. 웬 초라한 행색의 청년과 문지기가 실랑이를 벌이고 있었지.

"어허, 못 들어간다고 몇 번을 말해야 알겠나?"

"그럼, 왕께 아들이 왔다고 전해 주십시오. 이렇게 간청드립니다."

'뭐? 아들이라고?'

두 왕자는 깜짝 놀라 청년에게로 다가갔어.

"비류, 온조 왕자님, 마침 잘 오셨습니다. 이 자가 왕의 아들이라며 꼭 만나야 한다고 고집을 부립니다."

문지기가 말했지.

"무슨 용건이시오? 우리가 왕께 대신 전해 주겠소."

"아닙니다. 꼭 직접 뵈어야만 합니다."

청년은 초라한 겉모습과 다르게 눈빛이 생생하게 살아 있었어. 뭔가 사연을 품고 있는 듯 남다른 기상이 엿보였지.

"자기가 왕의 아들이라니, 아무래도 미친 사람인 듯합니다. 저희가 내쫓겠습니다. 어서 들어가십시오."

문지기가 말렸지만 성품이 어질고 온유한 온조가 청년을 궁궐 안으로 데리고 갔어.

 청년은 주몽왕 앞에 엎드리더니 품속에서 뭔가를 꺼내 바쳤어.

 "저는 유리라고 하옵고, 동부여에서 이 증표*를 가지고 아버지를 찾아왔습니다."

 비류와 온조는 물론 신하들도 깜짝 놀랐어.

 사실 주몽왕은 소서노와 혼인하기 전, 동부여에 있을 때 예씨부인과 혼인했었어. 주몽왕이 동부여에서 도망쳐 나올 때 아내인 예씨

* 증표: 증거가 될 만한 표시나 물건.

부인은 임신 중이었지. 함께 떠나오지 못하게 되자, 주몽왕은 예씨 부인에게 훗날 아이가 자라면 숨겨 둔 증표를 찾아서 자신에게 오게 하라고 말했어. 주몽왕은 유리가 가져온 증표를 찬찬히 살펴보았어. 유리가 가져온 것은 부러진 칼의 반쪽이었어. 주몽왕이 그 부러진 칼을 자신의 칼 반쪽과 맞춰 보더니 벌떡 일어났어.

"진정 내 아들이구나!"

주몽왕은 유리를 얼싸안고 기뻐했어.

그날부터 궁궐 안에는 묘한 긴장감이 돌았어. 난데없이 동부여에서 온 유리 왕자로 인해 신하들의 의견이 둘로 갈라져 팽팽하게 대립했거든.

오직 주몽왕만 들뜬 기분을 감추지 않고 흐뭇한 표정이었지.

"내 아들이 이렇게 늠름한 모습으로 아비를 찾아오다니. 허허, 이 나라의 큰 복이로다!"

"왕이시여! 먼저 태어난 유리 왕자가 왔으니 마땅히 태자가 되어야 합니다."

"아니되옵니다. 예정대로 태자는 비류 왕자가 되어야 하옵니다."

유리 왕자와 비류 왕자를 두고 사람들의 뜻이 갈라졌어.

비류와 온조도 갑자기 나타난 형 때문에 점점 불안해졌지.

외국과의 교역을 마치고 돌아온 소서노는 가슴이 철렁했어. 소서노는 주몽왕과 합심해서 고구려를 세우고 다스렸으니, 자신이 낳은 비류가 태자가 되어 다음 왕이 된다고 철석같이 믿고 있었지. 동부여에 두고 온 예씨부인에게 아들이 있을 줄은 몰랐던 거야.

결국 주몽왕이 유리 왕자를 태자의 자리에 앉히자 소서노는 깊은 절망감에 빠졌지.

'지금까지 왕을 도와 고구려의 기틀을 잡고 온갖 어려움도 함께 헤쳐 왔는데, 내 아들이 태자가 되지 못하다니!'

소서노는 두 아들을 불렀어.

"아버지께서는 우리가 양옆에서 유리 태자를 돕는다면 고구려가 더욱 강성해질 것이라고 하셨어요."

온조가 주몽왕의 뜻을 전했어.

"하지만 우리가 남아 있으면 왕자들을 따라 편이 갈려서 나라가 혼란에 빠질 게다. 우리가 떠나는 수밖에 없겠다."

소서노가 단호하게 결정을 내렸지.

"떠난다니요? 새로운 나라를 세우자는 말씀인가요?"

비류와 온조가 동시에 물었어.

"남쪽으로 가자. 분명 나라를 세울 만한 지역이 있을 게다."

"예. 어머니 뜻에 따르겠습니다."

결심이 서자, 비류와 온조의 목소리에도 힘이 실렸어.

"도망치듯 떠나지는 말자꾸나. 당당히 새 땅을 찾아가는 것이다."

과연 소서노는 여장부다운 기백이 있었지.

비류와 온조가 떠날 채비를 하자 유리를 태자로 정하는 데 반대했던 신하들부터 비류와 온조를 따르는 신하들, 소서노를 따랐던 궁궐 밖 백성들까지 함께하겠다며 그들을 따랐어.

떠나는 비류와 온조를 바라보는 주몽왕의 눈가에 이슬이

맺혔어. 왕은 고구려를 떠나는 세 사람에게 많은 재물을 주었지.
"너무 섭섭해하지 마옵소서. 아버지께서 그랬듯이 저희도 새로운 곳에서 큰 뜻을 펼쳐 보겠습니다."
 인사를 마친 비류와 온조는 소서노와 함께 긴 행렬을 이끌고 남쪽으로 출발했어. 험한 산맥을 넘고 크고 작은 강을 건너 새로운 희망의 땅으로 향했지.

아늑하고 따뜻한 땅

긴 여정에 지쳤을 무렵, 비류와 온조 일행은 한강 근처에 다다랐어.

"북쪽은 한강수가 흐르고, 동쪽은 산이 든든하며, 남쪽은 탁 트인 평지이니 이보다 더 좋은 곳은 없을 듯합니다."

사방을 둘러보던 신하들도 나라를 세울 만한 땅이라고 입을 모았지.

"그뿐 아니라 서쪽에는 바다가 있어 적의 침입을 막을 수 있으니 참으로 좋은 곳입니다."

온조도 이 땅이 무척 마음에 들었어.

"저기 높은 곳으로 올라가서 찬찬히 살펴봅시다."

비류와 온조는 신하들과 한강 유역을 내려다볼 수 있는 북한산으로 올라갔어.

"높은 곳에서 보니 아늑한 지형이 더욱 마음에 듭니다. 형님 생각은 어떠신지요?"

산세와 물길까지 둘러본 온조가 비류에게 물었지.

"나는 아무래도 바다가 있어야 소금을 얻고 교역을 하여 나라가

부강해질 것이라 생각되는구나."

"형님 말씀도 맞지만 바닷가는 땅이 습하고 물이 짜서 농사짓기가 어려울 것입니다."

온조의 염려를 비류는 귀담아듣지 않았어.

"이곳은 기후가 알맞아 농사가 잘될 테고, 교역도 한강 물길을 이용하면 됩니다."

신하들도 나서서 말렸지만, 끝내 비류는 자기를 따르는 이들을 거느리고 서해 쪽 미추홀로 떠났지.

"형님! 언제든 마음이 바뀌면 돌아오십시오."

온조는 아쉬운 마음으로 형을 배웅했어.

온조가 생각했던 대로 백성들은 한강 유역에 잘 정착했어.

"고구려보다 날씨가 따뜻한데다 강변의 땅이 기름져서 농사가 잘돼요."

"한강이 있어 물 대기가 수월하니 논농사 짓기도 좋아요."

"그나저나 미추홀 바닷가로 간 이웃들은 어찌 지낼까?"

온조는 혼자서 나라를 이끌어야 한다는 책임감에 어깨가 무거웠어. 하지만 나라를 다스리는 일에 최선을 다했지.

"자, 나라 이름은 무엇으로 정하는 게 좋겠소? 어려워 말고 말해 보시오."

온조는 늘 신하들의 의견을 중요하게 여겼어.

"십제가 좋을 듯합니다. 열 신하들과 더불어 다스리는 나라. 그런 의미가 마음에 듭니다."

십제의 백성들 입에서는 노랫소리가 흘러나오고, 온조왕을 칭송하는 소리도 멀리멀리 퍼져 나갔어.

"아, 비류 형님도 함께라면 더욱 좋을 텐데. 형님은 어찌 지내고 계실까?"

온조는 자주 서쪽을 바라보며 혼잣말을 했지.

십제에서 백제로

한편, 미추홀로 간 비류 일행은 예상과 다른 거친 환경에 적응하느라 무척 힘들었어. 먹을 물을 구하기 어려웠고, 바닷가 땅에는 소금기가 스며 있어 곡식이 자랄 수 없었지. 바닷가의 장점도 있었지만 당장 먹고살 게 없는 백성들에게 교역은 먼 이야기였어. 그런 때에 십제는 풍년이

들어 살기 좋다는 소문이 들려왔어.

"우리도 십제에 남을 걸. 이곳은 사람이 살 만한 곳이 아니야."

"비류왕께서는 용맹하시지만 농사짓는 법은 통 모르시나 봐."

백성들의 한숨 소리가 날로 높아만 갔지.

'내 생각만 앞세우다 백성들을 곤경에 빠뜨렸구나.'

비류는 후회가 파도처럼 밀려왔어. 백성들의 굶주림이 먼저 해결되어야 나라가 설 수 있다는 걸 깨달았지. 결국 비류는 후회 끝에 병들어 죽었어. 비류를 따르던 사람들은 온조가 다스리는 십제의 위례성으로 돌아갔어.

십제의 세력이 한강 근처 다른 나라들에 알려지기 시작했어. 그중에서도 가장 규모가 큰 마한은 십제를 보는 시선이 곱지 않았어.

십제가 성장할수록 마한이 위태로워진다고 생각했기 때문이야.

반면, 온조는 마한에 미리 사신을 보내 화친*을 맺고 사이좋게 지내길 원했지.

"평화를 유지하려면 마한에 해마다 조공**을 바치시오."

마한의 왕은 십제를 속국으로 삼으려는 속셈이었어. 해가 갈수록 마한은 더 많은 조공을 요구했지.

"힘 있는 나라만 살아남는다."

나라가 세워진 초기, 온조는 전쟁을 피하려 했어. 하지만 이제 백성과 영토를 지키기 위해 국력을 키우고 전쟁에도 대비했지.

얼마 후 마한과 낙랑이 쳐들어오자 온조는 직접 전쟁에 나가 싸워서 승리했어. 용맹한 주몽왕의 아들다웠지.

* 화친: 나라와 나라 사이에 다툼 없이 가깝게 지냄.
** 조공: 작은 나라가 큰 나라를 섬기며 때를 맞추어 예물을 바치던 일. 또는 그 예물.

온조는 나라 이름을 백제로 바꾸었어. 모든 신하들이 찬성하고, 백성들은 환호했지.

"십제의 나라가 융성하여 온 백성이 따르는 백제가 되었어. 백제!"

"백제 만세! 온조왕 만세!"

온조는 백제의 위엄에 걸맞은 튼튼한 성을 쌓기로 했어. 백제는 평지에 세운 나라여서 성을 쌓으려면 특별한 기술이 필요했지.

"위례성은 토성으로 쌓아야 하니 기술자를 찾아보시오."

신하들은 여기저기서 장인들을 수소문해 데려왔어.

"평지에 기둥을 세우고 그 사이에 나무판자를 댄 다음, 시루떡처럼 흙을 층층이 다져 쌓는 방식으로 성을 지을 수

있습니다."

성벽 기술자가 온조왕에게 설명했지.

그렇게 완성된 위례성은 돌로 쌓은 성보다 훨씬 단단했어. 튼튼한 토성은 백제의 위엄을 한층 드높였지.

성벽 공사장에는 옆 나라 부족장이 보낸 염탐꾼도 있었는데, 백제의 소식을 들은 부족장은 백제가 번성할 나라라는 생각이 들었어. 그래서 온조왕에게 딸을 시집보내고 동맹을 맺었어. 혼인으로 백제는 더욱 강성해졌지.

곧이어 백제의 왕자가 태어났는데, 훗날 백제의 제2대 왕인 다루왕이야.

백제는 한강의 풍요로운 조건과 온조왕의 노력으로 삼국 중에 가장 먼저 발전했어. 그리고 백제만의 고귀한 문화를 한껏 꽃피웠지.

신라의 시작

박혁거세

우물가에 내려온 흰말

한반도 동남쪽에는 여섯 촌장들이 각각 여섯 촌락을 맡아 다스리고 있었어. 이 지역을 사로육촌이라고 불렀지. 여섯 촌장들은 무슨 일이 생길 때면 모여서 함께 의논했어.

동쪽에 바다를 둔 여섯 촌락은 높은 산맥에 둘러싸여 있었어. 주변에는 마한, 변한 등 여러 나라들이 있었지.

새해 3월 모임에는 여섯 촌장들이 각 촌락의 사람들과 함께 모였지.

"자자, 올해부터는 마한에서 많은 조공을 요구했으니 모든 촌락에서 준비를 그만큼 더 해야겠소."

여섯 촌락 중에서 가장 큰 알천양산촌의 알평 촌장이 먼저 말문을 열었어.

"인구가 적은 우리 촌락과 땅이 넓고 인구도 많은 알천양산촌이 늘 같은 양을 내는 건 불공평하지요."

"맞아요. 우리 촌락에는 곡식이 적게 나는데, 어찌 같은 양을 낼 수 있겠습니까?"

돌산고허촌에서 온 소벌도리 촌장이 먼저 불만을 표시하자 다른 촌장들도 거들었지.

"허허, 한 가지만 아시는구려. 잦은 침략에 대항해 싸울 군사며 군대에 필요한 식량은 우리 촌락이 도맡고 있는데, 공평한 셈이지요."

알천양산촌의 알평 촌장이 점잖게 반박했어. 틀린 말은 아니었어. 이웃 나라들이 수시로 쳐들어오는데, 싸워서 영토를 지키는 것만큼 중요한 일도 없거든.

"요사이 마을 사람들이 부쩍 촌장의 말을 듣지 않아 골머리가 아파요. 이대로 두면 풍속이 엉망이 될 텐데……."

어느 촌장은 마을 사람들을 핑계 삼아 촌장들의 고충을 털어놓기도 했어.

"나라를 하나로 합하고, 다스리는 임금이 있어 법령도 정한다면 오죽 좋을까요."

알천양산촌의 알평 촌장이 다른 촌장들을 둘러보며 하소연하듯 말했어.

"그야 우리 여섯 촌의 소망이지요. 하루속히 어질고 용감한 이가 나타나서 이곳을 다스려야 할 터인데……."

돌산고허촌의 소벌도리 촌장이 근심 가득한 얼굴로 맞장구를 쳤지.

여섯 촌장들은 해마다 하늘에 제사를 올리며 한마음으로 훌륭한 임금을 보내 달라고 빌었어. 그럼에도 여태 감감하니 걱정이 이만저만이 아니었어.

의견만 분분하니* 촌장을 따라온 소년이 손을 들고 물었어.

"여섯 촌장님들 중에서 한 분을 임금으로 세우는 것이 어떻습니까?"

이마가 훤한 소년은 촌장들을 둘러보았어.

"그 생각을 어찌 안 했겠느냐? 여섯 촌장이 있지만 아무도 임금의 자질이 없으니 맡지 못하고 있다."

무산대수촌의 촌장이 자상하게 일러 줬어.

"이제 우리의 정성이 하늘에 충분히 닿았을 겁니다."

"암요, 저도 그믐날에는 신기한 꿈을 꿨어요. 곧 훌륭한 임금이 나타날 겁니다."

알천양산촌 촌장이 꿈 이야기를 하자 다른 촌장들의 얼굴이 한층

---

* 분분하다: 소문, 의견 따위가 많아 갈피를 잡을 수 없다.

밝아졌어.

언덕 아래 촌락과 들녘에는 봄볕이 따사롭게 퍼졌고, 촌장들이 모인 알천의 언덕에도 아지랑이가 아롱아롱 피어올랐지.

'올해는 농사가 잘되어야 할 텐데.'

'금을 많이 캐는 방법이 없을까?'

'누에치기에 힘써 여인들이 비단을 많이 짜면 좋겠군.'

촌락의 사람들은 고조선이나 혹은 먼 곳에서 흘러온 유민들이 대부분이었어. 촌장들이 형편에 맞는 새해 계획을 세우느라 깊은 생각에 빠져 있을 때였어.

남쪽을 바라보던 소벌도리 촌장은 눈부시게 강한 빛줄기를 보았어.

"저기, 저 빛줄기가 서린 곳을 보시오."

"나정 우물가 아니오?"

"예사롭지 않은 빛이오! 저리로 가 봅시다!"

놀란 촌장들이 하나둘 일어서서 하늘에서 쏟아지는 신비한 빛줄기로 향했어. 사람들도 우르르 촌장들 뒤를 따라갔어. 그랬더니 우물가에 흰말 한 마리가 무릎을 꿇고 절을 하고 있는 게 아니겠어. 사람들이 조심스레 말 곁으로 다가가니, 히힝! 흰말은 울음소리를 길게 남기고 하늘로 올라가 버렸지.

말이 머물렀던 우물가에는 자줏빛이 감도는 알이 하나 있었어.

촌장들이 상서로운* 알을 깨트려 보자 거기서, 사내아이가 나오는 거야. 수려하고도 아름답고, 늠름한 기상이 보통 아이가 아니었지. 사람들은 저절로 경배하는 마음이 들었어.

촌장들이 아이를 동천 샘에 데려가 목욕시켰더니 몸에서 광채가 나서 똑바로 쳐다볼 수가 없을 정도였지.

"우리의 근심을 하늘이 듣고 임금을 내려 주셨으니 이보다 기쁜 일이 있을까?"

한눈에 아이가 훌륭한 인물인 것을 알아본 촌장들은 하늘에 절을 하며 고마워했지. 근처에 있던 새와 여러 짐승들도 모여들어 춤을 추며 아이를 환영했어. 그러자 하늘의 햇빛이 몇 배 환하게 아이를 비추고, 온 사방이 빛으로 휩싸였지.

"우선 아이 이름부터 지읍시다."

알천양산촌 촌장이 여러 촌장들에게 의견을 물었어.

"박처럼 생긴 알에서 나와 밝은 빛을 띠었으니, 박혁거세라 부릅시다."

이 고장의 말로 '밝다'는 의미가 합쳐진 이름이었지. 여섯 촌장들

---

* 상서롭다: 복되고 길한 일이 일어날 조짐이 있다.

모두 한목소리로 찬성했어.

사람들은 박혁거세가 이름처럼 세상을 밝히는 훌륭한 임금이 될 거라고 믿고 한껏 기뻐했어.

박혁거세와 알영

박혁거세가 태어난 시각에 맞춘 듯 알영 우물가에서도 난데없는 계룡*이 나타났어. 계룡은 옆구리에서 여자아이를 낳았어. 얼굴과 자태가 매우 고왔는데, 이상하게도 입은 닭 부리 모양을 하고 있었어.

"닭의 자손일까? 용의 자손일까?"

"이 또한 신비한 일이구려."

촌장들은 의아해하면서도 경사로운 일이라 여기며 반겼지.

의아한 생각은 금방 사라졌어. 그 자리에 있던 노파가 아이를 북천에 데려가 목욕시키니 닭 부리가 바로 똑 떨어져 버렸거든. 부리가 떨어진 여자아이는 더없이 아름다웠어. 여자아이는 태어난 우물

* 계룡: 머리는 닭, 몸은 용의 모습을 한 상상 속의 동물.

이름을 따서 알영이라고 이름 지었어.

"박혁거세는 알천양산촌 촌장의 집에서 자라니, 알영은 우리 돌산고허촌에서 키우겠습니다."

돌산고허촌의 소벌도리 촌장이 알영을 데리고 가서 정성으로 보살폈지. 나머지 무산대수촌, 취산진지촌, 금산가리촌과 명활산고야촌 촌장들도 박혁거세와 알영을 번갈아 찾아가며 아이들이 자라는 모습을 기쁜 마음으로 지켜보았어.

두 아이는 보통 아이들이 아니어서 빠르게 자랐고 비범했어. 박혁거세는 사람들이 시비를 못 가리고 싸움을 할 때면 얼른 달려가서 옳고 그름을 깨우쳐 주고 공정한 판단을 내려 주었어.

알영도 영특하고 지혜롭기가 으뜸이었지. 손재주도 좋았어. 베를 짜다가 실이 엉키거나 베틀이 고장 났을 때, 알영의 손길만 닿아도

엉킨 실이 풀리고 베틀이 고쳐졌어.

촌장들은 박혁거세와 알영을 위해 남산의 서쪽 기슭에 궁궐을 짓기 시작했어. 궁궐이 완성되자 두 아이를 궁궐에서 살게 했지.

박혁거세와 알영이 자라자, 촌장들은 합의하여 혼례를 치르자고 아뢰었어.

"박혁거세께서는 왕이 되시고, 알영은 왕후가 되소서."

그리하여 박혁거세는 왕이, 알영은 왕후가 되었어. 왕이 먼저 된 후에 왕비를 맞는 게 아니라 한날한시에 옥좌에 나란히 오르니, 이런 경우는 다른 나라에선 없던 일이야.

왕위에 오른 박혁거세가 우렁찬 목소리로 명을 내렸어.

"내가 이 나라를 이끌 지도자가 되었도다. 이제부터 나라 이름을 사로국으로 정하니, 그대들은 사로국의 백성이니라."

"박혁거세거서간* 만세!"

왕과 왕후가 동시에 생기다니 사로국 전체에 크나큰 경사가 겹친 셈이야. 백성들은 사로국 백성이 된 것을 기뻐하며 왕과 왕후의 앞날을 축복했어. 박혁거세는 어진 정치를 펼쳤고, 여섯 촌장과 백성

* 거서간: 신라 첫 왕인 박혁거세의 왕호.

들은 왕을 우러러 받들었어.

　그렇게 박혁거세가 다스린 지 61년이 되었어. 이제 박혁거세도 늙어서 나라를 이끄는 일이 힘에 부쳤지.
　"이 땅에서 내가 해야 할 일을 이루었으니, 이제 하늘로 돌아갈 때가 되었구나."
　그해에 박혁거세는 하늘로 올라갔어. 백성들은 박혁거세의 죽음을 슬퍼했고, 자신들의 임금을 백성들이 장사 지내도록 시신을 돌려 달라고 하늘에 빌었단다. 7일째 날, 박혁거세의 시신이 땅으로 떨어져 흩어졌어. 그때 왕후도 왕을 따라서 세상을 떠났어.

박혁거세와 알영은 같은 날 이 땅에 왔고 같은 날 왕과 왕후가 되었으니, 사람들은 둘을 함께 묻을 큰 능*을 만들려 했지. 그런데 큰 뱀이 나타나 방해를 하는 거야.

백성들은 하는 수 없이 시신이 흩어진 곳에 따로따로 능을 만들어 장사 지냈어. 그리고 그 능의 이름을 사릉이라고 불렀지. 무덤을 만들 때 방해한 큰 뱀 때문에 붙여진 이름이었어.

박혁거세가 세운 사로국은 이후 신라로 이름을 바꾸었어. 그리고 약 1000년 동안 역사를 이어가며 삼국을 통일했고 고유한 문화를 찬란히 빛냈단다.

* 능: 임금이나 왕후의 무덤.

철의 나라 가야의 시조

김수로

거북아 거북아 머리를 내어놓아라

　고구려, 백제, 신라 삼국이 국가의 모습을 갖춰 가던 시기, 넓은 평야를 끼고 바다를 마주한 한반도의 남쪽 낙동강 일대는 아직 나라의 체계를 갖추지 못해 부족장들이 다스리고 있었어.

　사람들은 산등성이나 강줄기로 구분을 지어서 아홉 부락에 모여 살았어. 부락마다 지혜가 뛰어난 사람을 우두머리 삼아 '간'이라 불렀지.

　구지봉은 산의 등줄기가 마치 거북이 엎드려 있는 모양처럼 생긴 낮은 산이야. 이 지역 사람들은 구지봉을 신과 사람이 소통하는 신령한 장소로 여겼기 때문에 홍수나 가뭄이 생기면 구지봉에 모여 해결책을 찾았어. 하늘에 제사를 지내는 큰 행사 날에도 구지봉에 모여 하늘을 우러러 소원을 빌었지.

　새해를 맞아 아홉 간들은 경건한 마음으로 구지봉에 모였어. 아홉 간이 다스리는 마을의 사람들도 제사에 참여했지.

　그릇마다 귀한 음식을 가득 담고, 제단 양옆에는 향불도 피웠어.

　하늘에 제사를 올리고, 한마음으로 나라를 다스릴 왕을 내려 달라는 소원을 빌었지. 정성을 모아 간절히 예를 올리는데, 어디선가 이상한 소리가 들리는 거야. 사람들을 부르는 음성이 분명한데 형체는 보이지 않았지. 아홉 간들은 숨을 죽이고 귀를 기울였어.

"여기에 누가 있느냐?"

하늘에서 울리는 소리 같았어.

"예. 우리가 모여 있습니다."

아홉 간들이 대답했지.

"모여 있는 곳이 어디인가?"

"이곳은 구지봉입니다."

아홉 간들이 다시 한목소리로 대답했어.

"너희들이 구지봉 꼭대기 흙을 파면서 노래하고 춤을 추면 왕을 맞이하게 될 것이다."

하늘의 목소리에 아홉 간들은 감사하며 하늘을 향해 예를 올린 뒤 노래를 부르기 시작했어.

거북아 거북아 머리를 내어놓아라.
내어놓지 않으면 구워 먹으리.

구지봉에 모인 사람들이 합창을 했어. 반복해서 부르다 보니 자연스레 박자가 생기고 운율이 맞춰지는 거야. 노래에 따라 몸을 움직이며 모두 신나게 춤을 추었지.

그때 하늘에서 빛이 쏟아지며 자줏빛 줄이 내려왔는데, 줄 끝에는 보자기에 싸인 상자가 매달려 있었어. 아홉 간들이 조심스레 보자기를 풀어 보았지.

그러자 눈부신 금빛 상자가 나오고, 그 안에는 해처럼 빛나는 황금 알 여섯 개가 들어 있었어. 아홉 간들은 놀랍고 기뻐서 그 자리에 엎드려 몇 번이고 절하였지.

알에서 나온 여섯 아이들

 아홉 간들 중 으뜸인 아도간이 황금 알이 든 상자를 고이고이 모시고 집으로 갔어. 나머지 간들도 그 뒤를 따랐지.
 아홉 간은 아도간의 집에 그 상자를 모셔 두고는 날마다 와서 절하며 지켜보았어.

"소중한 알이 하나라도 다치지 않게 정성을 다해 보살피고 있습니다."

아도간이 몸가짐을 조심하며 간들을 맞았어.

"과연 하늘에서 어떤 임금을 내려 주신 건지 설레어 잠을 설칠 지경입니다."

왕을 기다리는 아홉 간들의 마음은 똑같았어.

그렇게 12일이 지났어. 아홉 간들이 예를 올리고 상자를 열어 살펴보는데 글쎄, 알이 깨지며 옥동자들이 나오는 거야.

"하나도 어김없이 여섯 아기가 탄생하는도다."

아도간이 감탄하며 여섯 아기를 평상 위에 고이 앉혔어. 아홉 간들은 아기들에게 절하며 지극히 공경하는 마음을 표현했어.

여섯 아기는 몸에서는 빛이 나고 하나같이 빼어난 용모를 지니고 있었어.

아이들은 하루가 다르게 몸이 자라고 총명해지더니 어느새 모든 사람이 우러러볼 만한 위엄도 갖추게 되었지.

때가 되어, 알에서 맨 먼저 나온 수로가 왕으로 즉위했어. 수로왕은 나라 이름을 가야국으로 정하고, 나라를 여섯 개로 나누었어. 그리고 알에서 나온 아이들이 각각 왕이 되었지.

수로는 성을 '김(金)'으로 삼았는데, 수로가 다스리는 금관가야에는 철이 많이 났기 때문에 철의 나라 임금이란 뜻으로 김수로왕이라고도 부르게 되었어. 나머지 다섯 명은 주변 지역인 아라가야, 고령가야, 성산가야, 대가야, 소가야를 한 곳씩 맡아서 다스렸지.

수로왕은 좋은 날을 택하여 왕궁을 지었어. 흙으로 계단을 쌓고 지붕도 꾸미지 않은 수수한 궁궐이었지. 백성들을 먼저 생각하는 수로왕의 성품을 닮은 궁궐이었어.

수로왕은 자주 궁궐 남쪽의 넓은 들판에 나와서 일하는 백성들의 모습을 둘러보며 어려움이 없는지 살폈지.

나라가 안정되자 신하들은 수로왕의 배필을 구해야겠다고 생각했어.

"왕이시여, 이제 왕비를 맞으실 때가 되었습니다. 금관가야의 처

녀들 가운데 뛰어난 사람을 뽑아 왕비로 삼으소서."

하지만 수로왕은 고개를 저었어.

"나를 이곳에 내려보낸 것이 하늘의 뜻이듯, 나의 배필 또한 하늘에서 보내 주실 것이니 너무 걱정 마시오."

신하들은 수로왕의 대답에 아무 말도 할 수 없었지.

하지만 세월이 흘러도 수로왕과 혼인할 만한 여인이 나타나지 않으니 신하들의 근심은 깊어만 갔어.

머나먼 아유타국*에서 온 신붓감

그러던 어느 날, 왕궁으로 급한 소식이 날아들었어.

"바닷가에서 고기를 잡던 어부가 기이한 소식을 가져왔습니다."

"기이한 소식이라니, 무슨 일이오?"

수로왕이 왕좌에서 벌떡 일어났지.

"화려하고도 큰 배가 바닷가에 닿았는데, 아름다운 여인이 배에

* 아유타국: 인도에 있던 고대 국가.

서 내리며 임금님 뵙기를 청했다 하옵니다."

신하의 보고를 들은 수로왕의 표정이 밝아졌어.

"드디어 하늘이 나의 배필을 보내셨나 보오. 그대들은 어서 가서 공주를 맞이해 왕궁으로 안전하게 모셔 오시오."

수로왕의 명을 받은 신하들이 바닷가로 달려갔어.

과연 큰 배가 높은 돛에 깃발을 휘날리며 바닷가에 닿아 있었지. 신하들이 가까이 가니 여태껏 한 번도 본 적 없는 아리따운 여인이 수많은 신하들을 거느리고 배에서 내려왔어.

"저는 아유타국의 공주입니다. 가야국 왕과 혼인을 하려고 머나

먼 바닷길을 건너왔습니다."

가야의 신하들이 예의를 다하여 공주를 모시고 궁궐로 왔지.

수로왕은 아유타국 공주 허황옥을 보자마자 첫눈에 반했고, 아유타국 공주도 수로왕을 무척 마음에 들어 했어.

"부모님이 딸을 가야국 왕의 배필이 되게 하라는 꿈을 꾸시고 저를 이곳으로 보내셨습니다. 멀고 험한 뱃길이었지만 가야에 오길 참 잘했다고 생각합니다."

"나도 하늘에서 내 배필을 보내 주실 것을 기다리고 있었소."

정말이지 하늘이 맺어 준 인연이었지. 수로왕과 허황옥은 혼례를 올렸어.

수로왕은 왕비와 더불어 힘을 합해 가야국을 발전시켜 나갔어. 특히 가야에서 생산되는 질 좋은 철로 농기구를 만들어 농업을 발전시키고 철과 철로 만든 무기를 다른 나라에 팔았어.

수로왕은 대장간에도 자주 들러 철을 다루는 장인들을 격려했어. 가야의 으뜸 대장장이가 일하는 대장간에 갔을 때였어. 대장간 입구에는 철로 만든 다양한 농기구와 갑옷, 무기들이 즐비했어*.

"새로 만든 갑옷이 참으로 튼튼해 보이는구나."

"네. 얇고 가벼우면서도 칼과 화살을 잘 막아 낼 수 있는 갑옷을 만들고 있습니다."

이마에 땀이 송송 맺힌 대장장이가 얼른 아뢰었어.

"얇고 가볍다면 군사들이 전쟁터에서 더 빠르고 날렵하게 움직일 수 있겠구나!"

수로왕은 환하게 웃으며 대장장이를 크게 칭찬했어.

"가야는 주변의 어느 나라보다 발달된 철기 기술을 가지고 있다. 그런데도 계속해서 더 좋은 것을 개발하기 위해 노력하니, 역시 가야의 대장장이가 최고로구나."

* 즐비하다: 빗살처럼 줄지어 빽빽하게 늘어서 있다.

수로왕은 갑옷뿐 아니라 말 머리 가리개며 철제 칼과 화살촉을 찬찬히 살펴보았어. 기분이 좋아진 수로왕은 대장장이에게 상으로 덩이쇠를 열 수레나 내렸어. 가야의 덩이쇠는 납작하고 갸름하니 철

로 만든 돈 같았지. 실제로 돈처럼 쓰였어. 사람이 죽었을 때도 무덤 안에 덩이쇠를 넣었어. 저승길에 노잣돈*으로 쓰라는 의미였지.

가야국은 한반도의 남쪽에서도 가장 끝이어서 한겨울에도 춥지 않았고 곡식들은 빨리 자랐어. 낙동강과 바다의 물길을 이용해서 외국과 교역하기도 좋았지. 그래서 철을 사려는 상인들이 바다 건너 왜는 물론, 그보다 더 먼 나라에서도 찾아왔어.

수로왕이 다스린 금관가야는 그렇게 교역을 통해서 점차 부강해졌어. 그리고 여섯 가야의 중심으로 성장했단다.

* 노잣돈: 죽은 사람이 저승길에 편히 가라고 상여 등에 꽂아 두는 돈.

인물의 발자취를 찾아 떠나는 여행

　아주 먼 옛날, 곰이 쑥과 마늘을 먹고 여자가 되어서 단군을 낳았다는 단군 신화는 정말일까요? 옛날이야기에서 알에서 태어난 영웅이 유난히 많은 이유는 무엇일까요? 지어낸 이야기 같은 신화를 꼭 알아야 할까요?

　신화를 그저 재미있는 옛날이야기로 여기는 사람들도 있지만, 사실 신화에는 많은 비밀이 숨겨져 있어요. 있는 그대로 받아들이기보다는 역사의 퍼즐을 맞추는 마음으로 의미를 이해해야 해요.

단군 신화에 나오는 환인의 아들 환웅과 호랑이, 곰은 각각 부족의 수호신을 상징해요. 태양(하늘)을 섬기는 부족이 이동해 와서 곰을 수호신으로 섬기는 부족과 힘을 합쳐 나라를 세웠다는 이야기를 설화 형식으로 표현한 거죠. 단군이 세운 한민족 최초의 국가는 '조선'이에요. 하지만 후대에 이성계가 세운 '조선'과 구분하기 위해 '고조선'이라고 부른답니다.

환웅이 하늘에서 땅으로 내려올 때 가져왔다는 천부인은 청동으로 만든 검, 거울, 방울이라고 추측해요. 이것들은 바로 청동기의 대표적인 유물이죠. 환웅이 데리고 온 풍백, 우사, 운사는 각각 바람, 비, 구름을 주관하는 신으로, 이것은 당시 사회가 농업을 중요하게 여겼다는 걸 알려 주고 있어요.

주몽이나 박혁거세처럼 알에서 태어난 영웅들의 이야기는 그 인물들이 그만큼 특별한 존재라는 걸 강조하는 거예요. 근사한 영웅의 신화는 사람들에게 자긍심과 공동체 의식을 갖게 하거든요.

단군이 하늘에 제사를 지내던 곳, 강화도

단군이 고조선을 세운 아사달이 어딘지에 대해서는 여러 가지 의견이 있지만 정확한 위치는 아무도 몰라요. 게다가 한강 남쪽에서는 고조선의 유적을 찾아보기 어렵죠. 하지만 우리나라의 역사를 품은 놀라운 섬, 강화도 마니산에 단군과 관련된 유적이 있어요.

올림픽 성화 봉송이 그리스의 올림피아에서 성화를 채화하는 것에서 시작된다면, 우리나라의 전국 체전은 강화도 마니산 참성단에서 시작되지요. 참성단은 단군이 하늘에 제사를 지내기 위해 쌓은 제단이라고 전해져 오고 있어요. 외적의 침입이 많았던 고려 시대에는 단군과 고조선 이야기를 통해 민족의 자긍심을 높이기 위해 이곳에서 제사를 지냈어요. 물론

조선 시대에도 이어졌죠. 지금도 매년 10월 3일 개천절이면 이곳에서 단군에게 제사를 지내는 개천대제가 행해지고 있답니다.

  강화도에는 청동기 시대의 대표적인 무덤인 고인돌이 120기나 있어요. 탁자 모양으로 생긴 고인돌은 고조선의 세력이 어디까지 미쳤는지 보여 주는 귀한 자료지요. 특히 무덤을 덮은 덮개돌의 크기로 무덤 주인의 지위를 짐작할 수 있어요. 예를 들어 50톤이나 되는 무게의 돌을 옮기려면 적어도 500명의 사람이 필요했기 때문에, 무덤의 주인이 500명 이상의 집단을 거느린 지배자였을 것으로 추측할 수 있지요.

▼ 강화도 마니산의 참성단 ⓒ 게티이미지코리아

▲ 강화도의 고인돌 ⓒ 문화재청

　고인돌과 함께 무덤 주인이 생전에 사용한 유물로 청동 검과 청동 거울, 청동 방울 등이 발견되기도 하는데요. 주로 전쟁이나 제사 때 사용되는 도구들이에요. 구리와 주석을 녹여서 만드는 청동은 아주 귀한 재료라서 지배 계층의 사람들만 소유했을 것으로 여겨지지요. 고조선은 바로 이 청동기 문화를 배경으로 성립된 나라예요. 우리 민족 최초의 국가 고조선을 다스린 단군왕검은 제사와 정치를 담당하는 지배자였어요. 단군은 '제사장'을 뜻하고 왕검은 '정치적 지도자'를 의미해요. 즉 단군왕검이라는 명칭에서 고조선이 제정일치(제사와 정치가 일치하는 정치 형태) 사회였다는 것을 알 수 있지요.

▲ 청동 방울 © 국립중앙박물관

▲ 청동 거울 © 국립중앙박물관

▲ 청동 검 © 국립중앙박물관

▲ 청동기 시대 제사장

▲ 오녀산성 ⓒ 게티이미지코리아

고구려의 시작, 오녀산성

 탁자처럼 생긴 오녀산성은 중국 랴오닝성에 있는 고구려 초기의 산성이에요. 대부분의 학자들은 이곳을 주몽왕이 고구려의 첫 번째 수도로 삼았던 졸본성에 딸린 산성이라고 의견을 모으고 있어요. 해발 800미터나 되는 높은 절벽을 그대로 성벽으로 이용하고, 부족한 부분은 돌로 성벽을 쌓아서 적을 방어했어요. 천연 요새인 셈이죠. 성안에서는 여러 가지 토기와 온돌의 흔적 등이 발견되었는데 아마도 여기에 고구려의 건물들이 있었을 것으로 짐작하고 있어요. 이렇게 높은 곳에 성을 지었다면 정말 외적이 침입하기 어려웠겠죠?

초기 백제인들의 삶의 터전, 한강

 서울 송파구의 올림픽 공원은 구불구불한 능선이 오르락내리락 야트막한 언덕으로 이어져 있어요. 이 언덕은 바로 몽촌토성과 풍납토성이에요. 한강 유역에 자리 잡았던 초기 백제의 토성이지요. 토성은 흙으로 쌓은 성을 말해요. 나무로 틀을 만들고 흙을 다져서 지었죠.

언덕으로 보이는 것들이 사실은 성벽이라니, 신기하죠?

이들 토성 주변에는 백제 사람들이 사용하던 생활용품뿐 아니라 고구려의 토기가 발견되기도 했어요. 이것은 초기 백제와 고구려가 밀접한 관계였다는 것을

▲ 서울 몽촌토성 ⓒ 문화재청

▲ 백제 토성 쌓는 모습

▲ 서울 석촌동 고분군 제2호분 © 문화재청

의미하지요.

　백제를 세운 온조는 원래 고구려 사람이에요. 그런데 주몽왕의 큰아들인 유리가 나타나자 고구려를 떠나서 남쪽으로 내려와 백제를 세웠지요. 백제의 건국 이야기는 고구려에서 이주해 온 사람들의 이야기를 담고 있어요. 이렇게 고구려 사람들이 이동해서 백제를 세웠다는 것을 증명하는 것이 바로 서울 석촌동 고분군 유적이에요. 석촌동이라는 이름은 돌로 쌓은 무덤이 많다는 뜻에서 지어졌어요. 피라미드를 쌓다가 3단에서 중단한 것처럼 보이는 석촌동의 무덤은 백제 초기의 무덤이에요. 마찬가지로 고구려 유적에서 계단처럼 돌을 쌓아 올린 피라미드 형태의 무덤이 많이 발견되지요. 주변을 개발하는 과정에서 90기에 달하던 석촌동 고분군의 무덤들 대부분이 훼손되었지만 고고학자들은 이 지역을 계속 연구하고 있답니다.

신라를 건국한 박혁거세의 전설을 간직한 경주

경상북도 경주시 탑동에 위치한 나정은 박혁거세의 신화를 간직한 우물이에요. 흰말 한 마리가 무릎을 꿇고 있던 자리에 커다란 알이 남겨져 있었다고 하죠. 이 알에서 태어난 사람이 바로 박혁거세예요. 같은 날 알영정이라는 우물가에서는 계룡이 옆구리에서 여자아이를 낳았다고 하는데, 이 여자아이가 후에 박혁거세의 부인이 되는 알영 부인이랍니다.

《삼국유사》에 따르면 신라의 첫 번째 왕인 박혁거세와 알영 부인이 죽은 후 함께 장례를 치르는데 큰 뱀이 나타났다고 해요. 아무리 쫓아도 뱀이 방해를 해서 결국 신체를 다섯으로 나누어 묻었다는 전설이 전해지고 있지요. 그 유적이 바로 다섯 개의 언덕처럼 보이는 경주 오릉이에요. 뱀과 관련된 이야기가 전해진다고 해서 '사릉(蛇陵)'이라고도 부른답니다.

▲ 경주 나정 ⓒ 문화재청

▲ 경주 알영정 ⓒ 게티이미지코리아

▲ 경주 오릉(사릉) ⓒ 문화재청

금관가야 사람들의 흔적을 만날 수 있는 김해

철의 나라로 유명한 가야 왕국의 금관가야를 건국한 사람은 김수로왕이에요. 국립김해박

▲ 김해 구지봉 ⓒ 문화재청

▲ 김해 수로왕릉 ⓒ 문화재청

▲ 가야의 철제 갑옷, 철제 칼, 철로 만든 말 머리 가리개 ⓒ 문화재청

물관 뒷산에 있는 낮은 봉우리가 김수로왕이 탄생한 곳이랍니다. 봉우리의 모양이 엎드린 거북을 닮아 구지봉이라는 이름이 붙었다고 해요.

  수로왕이 죽은 뒤 어디에 묻혔는지 정확히 알 수는 없어요. 하지만 역사책의 기록을 따라가 보면 짐작되는 장소가 있지요. 경상남도 김해시에 있는 수로왕릉과 수로왕비릉은 신라에 이어 고려, 조선에 이르기까지 유지 보수를 거치며 후손들이 제사를 지내 온 곳이에요.

가야의 대표적인 유물로는 철로 만든 갑옷, 화폐 대신에 사용한 덩이쇠, 각종 토기 등이 있어요. 특히 가야의 철제 갑옷과 철제 칼 등의 유물은 가야의 발달된 기술과 높은 문화 수준을 잘 보여

▲ 김해 봉황동 유적 ⓒ 문화재청

▼ 김해 봉황동 유적 ⓒ 문화재청

주지요.

　가야 사람들의 생활 모습이 궁금하다면 김해 봉황동 유적지에 가 보세요. 금관가야 사람들이 살았을 것으로 생각되는 이곳에는 땅 위에 간격을 두고 지은 고상 가옥과 망루 등을 복원해 전시하고 있어요. 그리고 인근에 위치한 대성동 고분군에서는 가야의 토기, 철기, 중국제 거울 등이 출토되었는데, 이것으로 일찍이 중국과도 교류가 있었음을 알 수 있지요.

찾아보기

거서간	75	비류수	42, 44
계룡	73, 102	비파	23
고인돌	96, 97		
교역	49, 53, 56, 57, 59, 92	사로국	75, 77
구지봉	81, 82, 83, 103, 104	삼족오	39, 42
금와왕	32, 33, 34, 35, 36, 37, 39	소서노	49, 51, 53, 54, 55
		송양왕	44, 45
나정	71, 102	신단수	11, 13, 17
		십제	58, 59, 60, 61, 62
단군 신화	94, 95		
덩이쇠	91, 92, 104	아사달	18, 95
동맹	63	아유타국	87, 88, 89
		오우관	28
마한	60, 61, 67	옥체	28
모둔곡	42, 43	용마	38
미추홀	57, 59	우군	42
		우사	11, 95
북부여	28	운사	11, 95
비류국	44, 45	웅녀	17, 18

위례성	60, 62, 63	풍백	11, 95
제정일치	97	하백	30, 31, 32, 38, 41
조공	61, 67	한강	47, 56, 57, 60, 63, 95, 99, 107
졸본	42, 49, 99	해부루	28, 32
증표	51, 52	허황옥	89
		화친	61
참성단	95, 96	환인	9, 10, 95
천부인	10, 95		
천제	27, 28, 31, 38		
청동 거울	10, 97, 98		
청동 검	10, 23, 97, 98		
청동 방울	10, 97, 98		
태백산	11, 13, 32		
태자	52, 53, 54		
토기	18, 20, 99, 100, 104, 105		
토성	62, 63, 99, 100		

맨 처음 새 나라의 시작

초판 1쇄 발행 2023년 12월 05일
초판 2쇄 발행 2024년 05월 01일

글 윤자명　**그림** 김숙경
발행처 주식회사 스푼북　**발행인** 박상희　**총괄** 김남원
편집 길유진 김선영 박선정 김선혜 권새미
디자인 이지숙 권수아 정진희　**마케팅** 구혜지 박미소
출판신고 2016년 11월 15일 제2017-000267호
주소 (03993) 서울시 마포구 월드컵북로6길 88-7 ky21빌딩 2층
전화 02-6357-0050(편집) 02-6357-0051(마케팅)
팩스 02-6357-0052　**전자우편** book@spoonbook.co.kr

ⓒ 윤자명, 김숙경 2023
ISBN 979-11-6581-478-6 (73910)

* 저작권법에 의하여 한국 내에서 보호를 받는 저작물이므로 무단 전재와 무단 복제를 금합니다.
* 잘못 만들어진 책은 구입하신 곳에서 바꾸어 드립니다.

제품명 맨 처음 새 나라의 시작	
제조자명 주식회사 스푼북 ｜ **제조국명** 대한민국 ｜ **전화번호** 02-6357-0050	**⚠ 주 의**
주소 (03993) 서울시 마포구 월드컵북로6길 88-7 ky21빌딩 2층	아이들이 모서리에 다치지
제조년월 2024년 05월 01일 ｜ **사용연령** 10세 이상	않게 주의하세요.
※ KC마크는 이 제품이 공통안전기준에 적합하였음을 의미합니다.	